Renate Sültz & Uwe H. Sültz

Mein Pillenbuch

Medikamenten-Plan, Tablettentagebuch, Medikamenten-Notizbuch,

inkl. Blutdruckkontrolle

BoD - Books on Demand

Norderstedt 2016

Bibliografische Information durch die Deutsche Nationalbibliothek

Die Deutsche Nationalbibliothek verzeichnet diese Publikation in der Deutschen Nationalbibliografie; detaillierte bibliografische Daten sind im Internet über http://dnb.dnb.de abrufbar.

Herstellung und Verlag: BoD – Books on Demand, Norderstedt

ISBN 9-78383-9-19182-8

Vorwort:

Damit wir gesundheitlich richtig eingestellt sind, ist es nötig, die vom Arzt verordneten Tabletten pünktlich einzunehmen. In dieses Notizbuch werden die Daten eingetragen.

Etwas zum Blutdruck: Durch unsere Schlagadern fließt Blut unter Druck, dies nennt man Blutdruck. Der Blutdruck ist am höchsten, wenn sich das Herz zusammenzieht und so das Blut in die Gefäße gepresst wird (Systole).

Danach entspannt sich der Herzmuskel und der Blutdruck erreicht seinen minimalsten Wert (Diastole).

Ein zu hoher, dauerhafter Blutdruck nennt man Hypertonie, also Bluthochdruck. Ist er zu niedrig, nennt man dies Hypotonie.

Die optimalen Werte liegen beim oberen Wert (Systolischer Druck) bis 120 mmHg und beim unteren Wert (Diastolischer Druck) bis 80 mmHg. Bluthochdruck beginnt bei 140 / 90 mmHg.

Unterstützen Sie Ihren Arzt dabei, dass ein Bluthochdruck, oder ein zu niedriger Blutdruck, schnell festgestellt werden kann. Vielleicht rät er Ihnen auch, den Blutdruck zu Hause zu kontrollieren und aufzuschreiben. Ihr Arzt wird Ihnen genaue Zeiten nennen. Ansonsten beginnen Sie morgens, nach dem Aufstehen. Danach mittags und noch einmal gegen Abend. Vor der Messung sollten Sie zur Ruhe kommen und entspannt sein. Denken Sie an etwas Schönes. Das Handgelenk-Messgerät wird unbedingt in Herzhöhe gehalten. Führen Sie die Messungen regelmäßig durch.

Ihre Gesundheit wird es Ihnen danken!

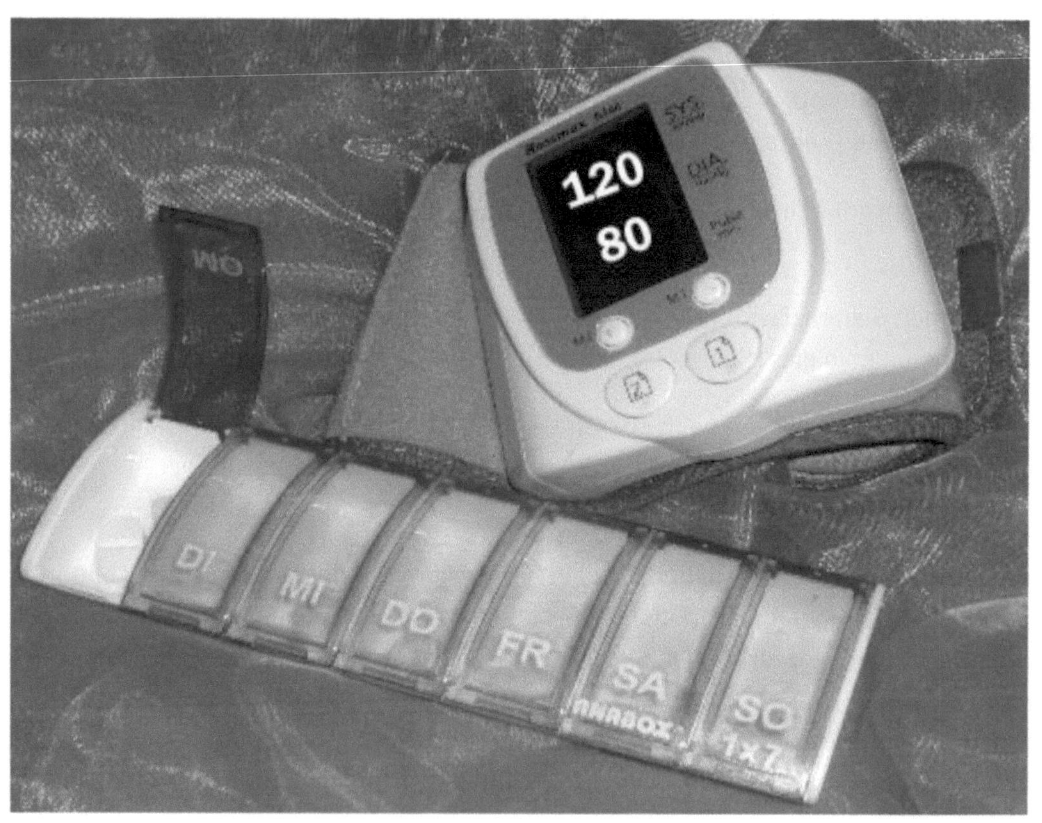

SYS
DIA
Pulse
120
80
WO
DI
MI
DO
FR
SA
SO
ANABOX
1x7

Mein Tablettenplan mit Blutdruckkontrolle

Mein Name:

Meine Ärzte:

Telefonnummern der Arztpraxen:

Tag Datum Uhrzeit	Blutdruck	Puls

Mein Arzt: **Datum:**

Medikamente: **Uhrzeit:**   **Hinweise:**

Tag	Datum	Uhrzeit	Blutdruck	Puls

Mein Arzt: **Datum:**

Medikamente: **Uhrzeit:**   **Hinweise:**

Tag Datum Uhrzeit	Blutdruck	Puls

Mein Arzt:		Datum:
Medikamente:	Uhrzeit:	Hinweise:

Tag Datum Uhrzeit	Blutdruck	Puls

Mein Arzt: **Datum:**

Medikamente:	Uhrzeit:	Hinweise:

Tag Datum Uhrzeit	Blutdruck	Puls

Mein Arzt:		Datum:
Medikamente:	Uhrzeit:	Hinweise:

Tag	Datum	Uhrzeit	Blutdruck	Puls

Mein Arzt:		**Datum:**
Medikamente:	**Uhrzeit:**	**Hinweise:**

Tag Datum Uhrzeit	Blutdruck	Puls

Mein Arzt: **Datum:**

Medikamente: **Uhrzeit:**   **Hinweise:**

Medikamente:	Uhrzeit:	Hinweise:

Tag Datum Uhrzeit	Blutdruck	Puls

Mein Arzt: **Datum:**

Medikamente:	**Uhrzeit:**	**Datum**	**Hinweise:**

Tag Datum Uhrzeit	Blutdruck	Puls

Mein Arzt: **Datum:**

Medikamente:	Uhrzeit:	Hinweise:

Tag Datum Uhrzeit	Blutdruck	Puls

Mein Arzt:		Datum:	
Medikamente:	Uhrzeit:		Hinweise:

Tag Datum Uhrzeit	Blutdruck	Puls

Mein Arzt: **Datum:**

Medikamente:	Uhrzeit:	Hinweise:

Tag Datum Uhrzeit	Blutdruck	Puls

Mein Arzt: **Datum:**

Medikamente:	Uhrzeit:	Hinweise:

Tag Datum Uhrzeit	Blutdruck	Puls

| Mein Arzt: | | Datum: | |
Medikamente:	Uhrzeit:	Hinweise:	

Tag Datum Uhrzeit	Blutdruck	Puls

Mein Arzt: **Datum:**

Medikamente:	Uhrzeit:	Hinweise:

Tag Datum Uhrzeit	Blutdruck	Puls

| Mein Arzt: | | Datum: |
Medikamente:	Uhrzeit:	Hinweise:

Tag Datum Uhrzeit	Blutdruck	Puls

<table>
<tr><td>Mein Arzt:</td><td></td><td>Datum:</td></tr>
<tr><td>Medikamente:</td><td>Uhrzeit:</td><td>Hinweise:</td></tr>
</table>

Tag Datum Uhrzeit	Blutdruck	Puls

Mein Arzt: **Datum:**

Medikamente: **Uhrzeit:** **Hinweise:**

Medikamente:	Uhrzeit:	Hinweise:

Tag Datum Uhrzeit	Blutdruck	Puls

Mein Arzt: **Datum:**

Medikamente:	Uhrzeit:	Hinweise:

Tag Datum Uhrzeit	Blutdruck	Puls

Mein Arzt: **Datum:**

Medikamente:	Uhrzeit:	Datum	Hinweise:

Tag Datum Uhrzeit	Blutdruck	Puls

Mein Arzt: **Datum:**

Medikamente:	Uhrzeit:	Hinweise:

Tag Datum Uhrzeit	Blutdruck	Puls

Mein Arzt: **Datum:**

Medikamente:	Uhrzeit:	Hinweise:

Tag Datum Uhrzeit	Blutdruck	Puls

Mein Arzt: **Datum:**

Medikamente: **Uhrzeit:** **Hinweise:**

Tag Datum Uhrzeit	Blutdruck	Puls

Mein Arzt:		Datum:	
Medikamente:	**Uhrzeit:**	**Datum**	**Hinweise:**

Tag Datum Uhrzeit	Blutdruck	Puls

Mein Arzt: **Datum:**

Medikamente:	Uhrzeit:	Hinweise:

Tag Datum Uhrzeit	Blutdruck	Puls

Mein Arzt: **Datum:**

Medikamente: **Uhrzeit:**   **Hinweise:**

Tag Datum Uhrzeit	Blutdruck	Puls

Mein Arzt: **Datum:**

Medikamente:	**Uhrzeit:**	**Hinweise:**

Tag Datum Uhrzeit	Blutdruck	Puls

| **Mein Arzt:** | | **Datum:** |
Medikamente:	**Uhrzeit:**	**Hinweise:**

Tag Datum Uhrzeit	Blutdruck	Puls

Mein Arzt:		Datum:
Medikamente:	**Uhrzeit:**	**Hinweise:**

Tag Datum Uhrzeit	Blutdruck	Puls

Tag	Datum	Uhrzeit	Blutdruck	Puls

Mein Arzt: **Datum:**

Medikamente:	Uhrzeit:	Datum: Hinweise:

Tag	Datum	Uhrzeit	Blutdruck	Puls

| **Mein Arzt:** | | **Datum:** |
Medikamente:	**Uhrzeit:**	**Hinweise:**

Tag	Datum	Uhrzeit	Blutdruck	Puls

Mein Arzt: **Datum:**

Medikamente: **Uhrzeit:**   **Hinweise:**

Medikamente:	Uhrzeit:	Hinweise:

Tag Datum Uhrzeit	Blutdruck	Puls

| Mein Arzt: | | Datum: |
Medikamente:	Uhrzeit:	Hinweise:

Tag Datum Uhrzeit	Blutdruck	Puls

Mein Arzt: **Datum:**

Medikamente: **Uhrzeit:**   **Hinweise:**

Medikamente:	Uhrzeit:	Hinweise:

Tag Datum Uhrzeit	Blutdruck	Puls

Mein Arzt: | **Datum:**

Medikamente: | **Uhrzeit:** | **Hinweise:**

Medikamente:	Uhrzeit:	Hinweise:

Tag	Datum	Uhrzeit	Blutdruck	Puls

| Mein Arzt: | | Datum: | |
Medikamente:	Uhrzeit:	Hinweise:	

Tag Datum Uhrzeit	Blutdruck	Puls

Mein Arzt: **Datum:**

Medikamente:	Uhrzeit:	Hinweise:

Tag Datum Uhrzeit	Blutdruck	Puls

Mein Arzt: **Datum:**

Medikamente: **Uhrzeit:**   **Datum**   **Hinweise:**

Tag	Datum	Uhrzeit	Blutdruck	Puls

Mein Arzt: **Datum:**

Medikamente: **Uhrzeit:**   **Datum**   **Hinweise:**

Medikamente:	Uhrzeit:	Hinweise:

Tag	Datum	Uhrzeit	Blutdruck	Puls

Mein Arzt:

Medikamente: **Uhrzeit:** **Datum:** **Hinweise:**

Tag Datum Uhrzeit	Blutdruck	Puls

| Mein Arzt: | Datum: | |
Medikamente:	Uhrzeit:	Datum:	Hinweise:

Tag Datum Uhrzeit	Blutdruck	Puls

| Mein Arzt: | | Datum: | |
Medikamente:	Uhrzeit:	Datum	Hinweise:

Tag Datum Uhrzeit	Blutdruck	Puls

Mein Arzt: Medikamente:	Uhrzeit:	Datum: Hinweise:

Tag Datum Uhrzeit	Blutdruck	Puls

Mein Arzt: Medikamente:	Datum: Uhrzeit:		Datum: Hinweise:

Tag	Datum	Uhrzeit	Blutdruck	Puls

| Mein Arzt: | | Datum: |
Medikamente:	Uhrzeit:	Hinweise:

Tag Datum Uhrzeit	Blutdruck	Puls

| Mein Arzt: | | Datum: | |
Medikamente:	Uhrzeit:		Hinweise:

Tag Datum Uhrzeit	Blutdruck	Puls

Mein Arzt:		Datum:	
Medikamente:	Uhrzeit:	Datum	Hinweise:

Tag	Datum	Uhrzeit	Blutdruck	Puls

<table>
<tr><td colspan="2">Mein Arzt:</td><td colspan="2">Datum:</td></tr>
<tr><td>Medikamente:</td><td>Uhrzeit:</td><td>Datum</td><td>Hinweise:</td></tr>
<tr><td></td><td></td><td></td><td></td></tr>
<tr><td></td><td></td><td></td><td></td></tr>
<tr><td></td><td></td><td></td><td></td></tr>
<tr><td></td><td></td><td></td><td></td></tr>
<tr><td></td><td></td><td></td><td></td></tr>
<tr><td></td><td></td><td></td><td></td></tr>
</table>

Tag Datum Uhrzeit	Blutdruck	Puls

Mein Arzt:		Datum:	
Medikamente:	Uhrzeit:	Hinweise:	

Tag Datum Uhrzeit	Blutdruck	Puls